中国骄傲

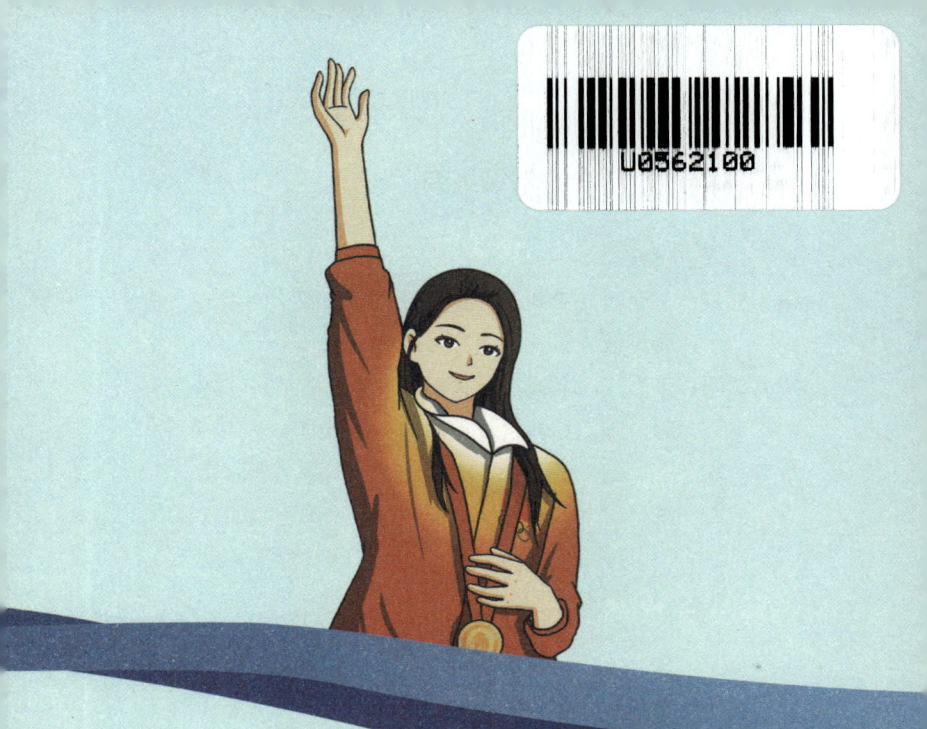

主编 柳建伟

中国跳水——王牌之师

北京时代华文书局

《中国骄傲》系列图书编委会

主　　编：柳建伟
编　　委：王晓笛　李西岳　杨海蒂　宋启发
　　　　　张洪波　张　埊　陈怀国　董振伟
特邀顾问：丁　宁　邓琳琳　许海峰　郑姝音
　　　　　赵　帅　徐梦桃　傅海峰　魏秋月
特邀专家：王　姗　王　海　江斌波　安　静　李尚伟
　　　　　李　震　何晓文　庞　毅　崔　莉　魏旭波

（按姓氏笔画排序）

写在前面

《中国骄傲》，如何诞生？

1984年洛杉矶夏季奥运会，许海峰一声枪响震惊世界，为中国体育代表团摘得奥运首金。自1984年起，中国体育代表团已经全面参加十届夏季奥运会，中国一步步成长为世界竞技体育强国。在这个过程中，中国体育健儿留下了无数值得铭记的经典瞬间。中国体育健儿的赛场故事，是动人、励志、具有感染力的；中国体育的荣誉瞬间，是辉煌、耀眼、增强民族自信心、提升民族自豪感的……

光阴似箭，40年已过，2024年，又是一个"奥运年"。值此之际，我们希望有一套图书可以传承中国体育的拼搏精神，可以让孩子们铭记动人的体育英雄故事，可以帮助孩子们树立正确的价值观、选择合适的励志榜样……《中国骄傲》系列图书应运

而生。我们希望用这套图书播下体育强国梦的种子，我们期待这套图书让中国的体育英雄故事跃然纸上，我们憧憬这套图书让更多的孩子爱上体育……

《中国骄傲》，内容如何构成？

中国体育代表团的征战史无比灿烂，中国体育健儿的传奇征途无比辉煌，有限的篇幅难以展现全部。在此我们只能选取部分体育项目和部分运动员的故事重点描绘，在这里没有先后、主次排名，只有我们对每一个"中国骄傲"无比的敬意。

目前《中国骄傲》系列图书有十册呈现给读者，分别是：《中国女排》《中国乒乓》《中国跳水》《中国田径》《中国射击》《中国游泳》《中国体操》《中国羽毛球》《中国时刻》《中国冬奥》。

《中国骄傲》，一直在路上……

未来，《中国骄傲》系列图书也将努力呈现中国体育更多的动人篇章，包括夏奥会、冬奥会、残奥会等，我们致敬所有为中国体育倾情付出的传奇英雄。《中国骄傲》系列图书就如同体育赛场的"中国骄傲"，一直在路上……

中国跳水，王牌之师！

跳水是一项难度高、偶然性大的运动。运动员纵身一跃后，不仅要在极短的时间内完成高难度动作，还要以优雅的姿态落入泳池之中，并压下水花。中国跳水队的健儿们，用常人难以忍受的艰苦训练，将不确定的偶然转化为夺冠的必然。经历日积月累的成长，中国跳水队已在世界上独占鳌头。

1984年洛杉矶奥运会，周继红夺得女子单人十米台的冠军，成为中国第一个跳水奥运冠军。自此，中国跳水队在10届奥运会中取得了傲人战绩，涌现了高敏、熊倪、伏明霞、郭晶晶、吴敏霞、陈若琳、全红婵等众多世界级巨星。他们凭借炉火纯青的跳水技艺和在世界大赛中的惊艳发挥，在国内外吸引拥趸无数。很多孩子正是在他们的影响下，走上了练习跳水的道路。

　　《中国跳水》描绘了几代跳水人奋力开拓的璀璨征途，呈现了中国跳水"梦之队"的传奇征程，其中有天才少年的意气风发、有伤愈归来的永不言弃、有师徒传承的动人篇章……而这些故事仅是中国跳水队历史中的一小部分。中国跳水"梦之队"永远不会停下逐梦的脚步。

卷首语
独占鳌头，傲视天下

"不败王者"高敏从三米跳板上腾空而起，
蝉联奥运冠军傲视群芳。
天才少女伏明霞从十米跳台上一跃而下，
13岁摘金改写中国奥运历史。
"跳水王子"熊倪兑现诺言重返跳板，
演绎超级逆转泪洒赛场。
"跳水女皇"郭晶晶"水立方"上演"封神之战"，
"出水芙蓉"四金耀九州。
"四朝老臣"吴敏霞无惧岁月坚定前行，
里约奥运终铸"五金传奇"。
"跳台女皇"陈若琳15岁上演绝地反击，
"最后一舞"成就五金荣耀。

从1984年周继红拿下"梦之队"奥运首金，
到2021年"梦之队"东京奥运会七金收官，
十战奥运，"王牌之师"狂揽47金24银10铜，
傲视天下难逢敌手。
女子单人三米板奥运九连冠震古烁今，
女子双人十米台奥运六连冠所向披靡。
两位奥运"五金王"、三位奥运"四金王"，
铸就伟大传奇。

中国跳水队为何是"王牌之师"？
为何是"梦之队"？
因为"梦之传奇"劈波斩浪，
碧波之中缔造从弱到强、从低谷到巅峰的神话。
因为"梦之精神"延绵不绝，
一代代中国跳水人百折不挠，坚韧不拔，拼出胜利。
因为"梦之传承"奔腾不息，
少年天才扛起大旗，他们有底气、有勇气、有锐气。
因为中国是一个文明大国，
追求完美与卓越，是一代又一代人的理想与信念。

目录

1

第一章

梦之传奇
——高敏 & 伏明霞

21

第二章

"跳水女皇"
——郭晶晶

41

第三章

梦之王者
——吴敏霞 & 陈若琳

61

第四章

"跳水王子"
——熊倪

77

第五章

英雄辈出
——璀璨星光

100

致敬
奥运会英雄谱

104

典藏
中国跳水荣耀时刻

108

跳水小百科

她是"不败王者",
在三米跳板上腾空而起,
蝉联奥运冠军。
她是天才少女,
在十米跳台上一跃而下,
13岁摘金改写历史。
高敏和**伏明霞**,
这是两个代表着传奇的名字。
她们是中国跳水"梦之队"的
"初代女皇",
她们都曾在世界跳水历史中
留下属于自己的神话。

第一章

梦之传奇
——高敏 & 伏明霞

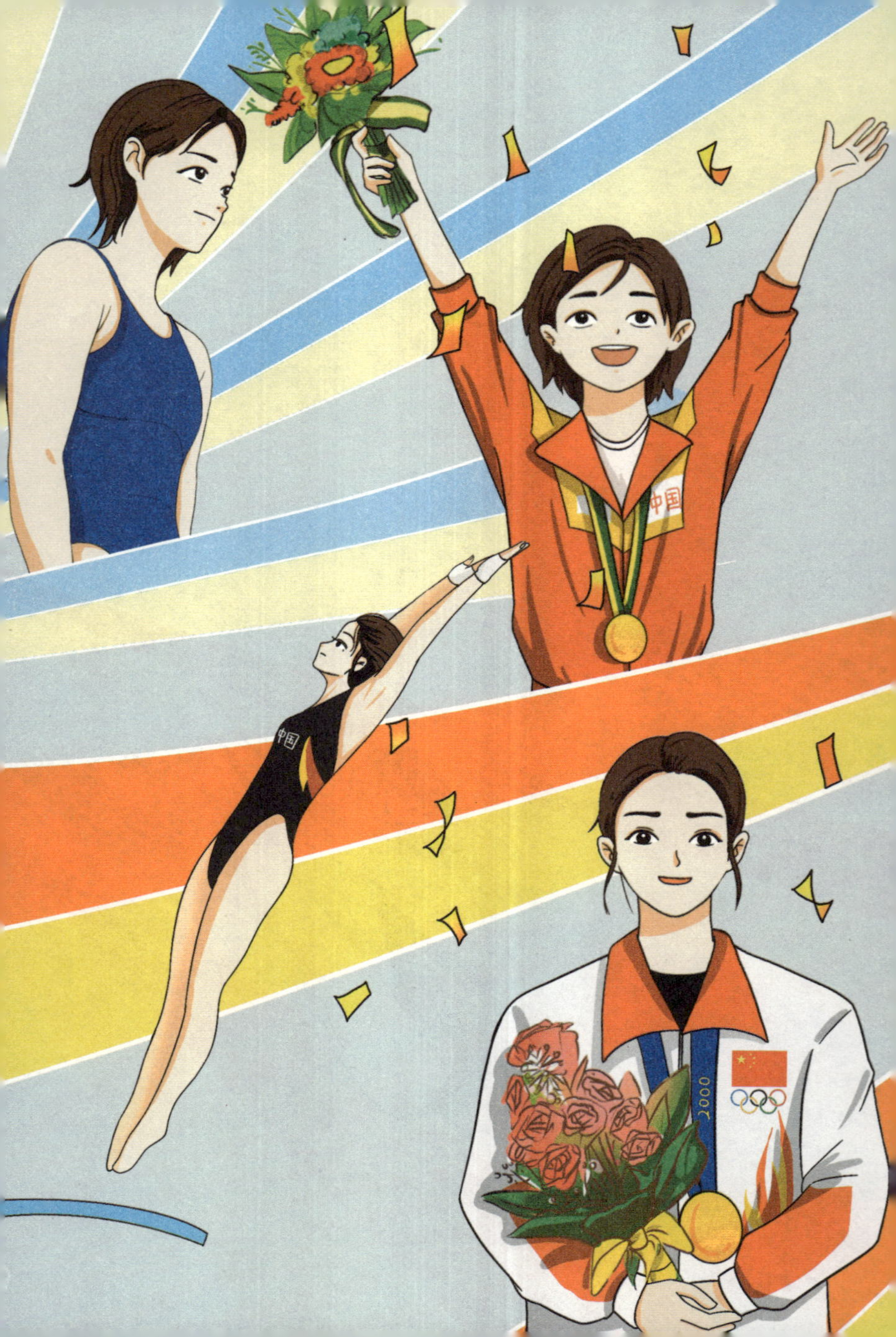
中国
中国
2000

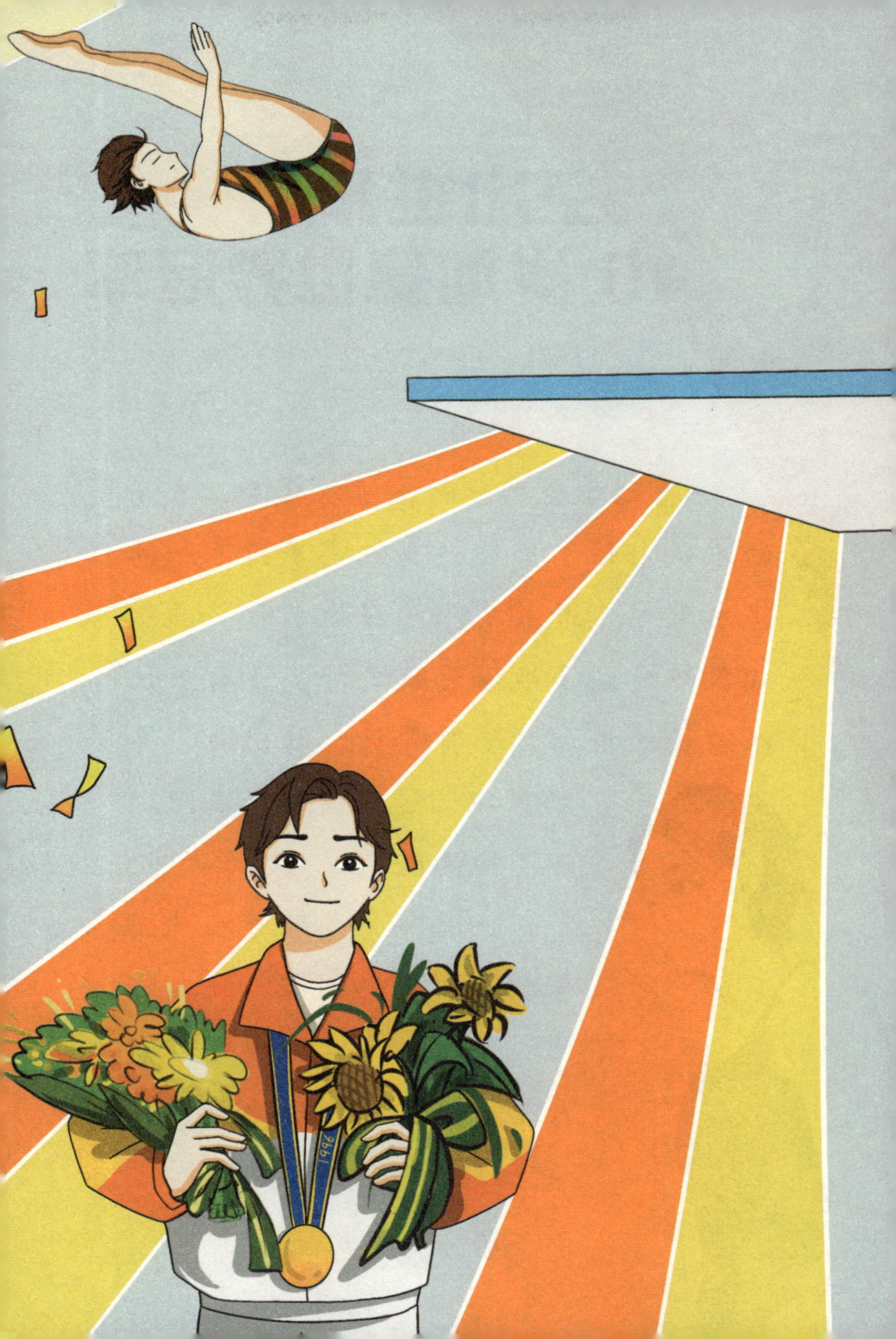

横空出世!
15岁加冕世界冠军

5岁刚学会游泳时,便敢从两三米高的石头上往水里跳,高敏是不折不扣的跳水天才。进入省队练习跳水时,高敏让教练看到了她除天赋之外,还有着让人敬畏的拼劲。手臂骨折、肺出血、耳膜穿孔,这些伤病根本阻止不了她的前进。

1985年,高敏进入"国家跳水少年集训组"。在这里,她给自己定下规矩:每天早10分钟到训练场地,再减少10分钟准备活动时间,这样每天就可以比别人多练20分钟，一年下来就能比别人多练7000多分钟。

1986年世锦赛，15岁的高敏在女子单人三米板的比赛中横空出世，拿到了582.90分的罕见高分，加冕世界冠军。

随后，在多项国际大赛女子单人三米板项目中，只要她登场，其余选手只有争第二名的份儿。

1988年汉城奥运会即将拉开帷幕，由于高敏的参赛，女子单人三米板项目被视作中国体育代表团最稳的夺金点之一。

奥运首金!
征服观众征服对手

当地时间9月25日，1988年汉城奥运会女子单人三米板决赛打响。五轮规定动作完成后，中国选手李清排在第一位，高敏排在第二位，并且与其他选手分差不大。

由于自选动作总难度不及对手，高敏只能依靠动作完成质量取胜，而这正是她的优势。后面几轮，高敏凭借几乎完美的发挥稳居第一。**最后一跳完成，已确保金牌不会旁落，高敏微笑着出水，迎接她的是漫天的欢呼声。**

最终，高敏拿到580.23分，成功收获

金牌。高敏的队友李清获得银牌，美国选手凯莉·麦考密克收获铜牌。

　　颁奖仪式上出现了有趣的一幕：当播报员宣布冠军是高敏时，获得铜牌的麦考密克在一旁拼命鼓掌，似乎比高敏还要开心。高敏的表现不仅征服了观众和裁判，也征服了她的对手。

"不败女皇"！
奥运会再度夺金

1988年汉城奥运会摘金之后，在接下来的奥运周期，高敏在女子跳板项目中依旧保持着超强的统治力，她以"不败女皇"的身份迈向了1992年巴塞罗那奥运会的征程。

然而，高敏争夺女子单人三米板项目冠军的过程比想象中要困难一些。决赛开局她便出现失误，前几跳得分都不高，排名一度仅在第九位。

但实力超群的

高敏还是平静地完成了接下来的每一个动作，随着动作难度和完成质量的提升，高敏不断缩小与前八位选手的差距，第七跳结束后，她终于反超到第一位。

比赛的结果依旧没有悬念，高敏拿到了572.40分，以58.26分的巨大优势，再度夺得奥运会女子单人三米板冠军。

在全场的欢呼声中，高敏微笑着站上领奖台。淡定的微笑伴随了她整个职业生涯，但在自己参加的最后一届奥运会上，高敏压抑不住激动的情绪，国歌声中，她的泪水奔涌而出。

梦之传奇!
高敏传承辉煌

1992年巴塞罗那奥运会后,饱受伤病困扰的高敏选择退役,一代传奇就此谢幕。

两战奥运会,两度夺冠,高敏成为中国跳水史上第一个蝉联奥运冠军的运动员。

她是当之无愧的中国第一代"跳水女皇",作为拓荒者,她用不败的姿态缔造了一个属于自己的时代,也缔造了中国跳水的第一个巅峰,更为中国跳水的辉煌埋下了种子。

在高敏那个时代,中国跳水队还没

有成为战无不胜的"梦之队",每届奥运会中,中国跳水队的夺金点也屈指可数。**高敏之后,一代代"跳水女皇"传承辉煌,中国跳水队逐渐成为不败之师,在奥运会和其他世界大赛中,创造了举世瞩目的成绩。**

在高敏之后的"跳水女皇"中,伏明霞无疑是非常亮眼的一位。1992年巴塞罗那奥运会,她同高敏一样,也夺得了奥运金牌,自此开启了自己的传奇生涯。

前无古人！
13岁奥运摘金

当地时间7月27日，1992年巴塞罗那奥运会女子单人十米台决赛打响。

13岁的伏明霞迎来了职业生涯的里程碑时刻。站在跳台上，她可以看到观众、水池和巴塞罗那的城市景观，但彼时一切都成为背景。带着稚气的她纵身跃下，惊呼声、掌声和清脆的入水声，共同见证了伏明霞每一个优雅、流畅的动作，也共同见证了

伏明霞夺得自己的奥运会首金。

年仅13岁的她,在当天的决赛中拿到461.43分,领先第二名49.80分。 中国体育代表团历史上最年轻的奥运冠军诞生了,这个纪录至今仍然无人能破。

颁奖仪式上,13岁的伏明霞略显局促,她面带微笑站上最高领奖台,向全场观众挥手致意。她在巴塞罗那享受着梦幻般的旅程,也迎来了辉煌生涯的起点,往后的岁月里,她还将三次站在奥运会最高领奖台上。

带病卫冕！奥运第二金

1996年亚特兰大奥运会，伏明霞的卫冕之路极为艰辛。赛前她不仅发烧，还得了严重的麦粒肿，视线模糊会影响她对入水点的判断。

身体接连出现问题不仅会影响伏明霞的竞技状态，对她的心态也是极大的考验。但日常训练的积累，让她形成了完美的肌肉记忆，带着身体上的病痛，她依旧发挥出了其他选手无法企及的水平。

最终伏明霞收获521.58分的高分，领先第二名42.36分，成功蝉联了该项目的奥运冠军。

时隔四年再度站上领奖台，伏明霞显得更加从容淡定，她微笑着领取了金牌。然而她在本届奥运会的传奇征程并未结束，女子单人十米台的决赛之后，她还要参加女子单人三米板的比赛。

上次出现女选手单届奥运会包揽跳台和跳板两枚金牌的情况，还得追溯到36年前，伏明霞能复制这样的壮举吗？

跨项夺金！
创"史诗级"神迹

当地时间7月31日，1996年亚特兰大奥运会女子单人三米板决赛打响。在此前的预赛和半决赛中，伏明霞罕见地发挥失常。半决赛仅拿到221.49分的她，只能带着13.02分的劣势开启决赛的征程。兼项和生病带来的体能不佳，甚至让她在决赛中临时调整了动作。

然而，决赛的征程却比想象中顺利许多。

半决赛排名第一的伊琳娜·拉什科在决赛中出现失误,前两轮比赛结束之后,伏明霞便反超至第一的位置。

最终她以547.68分的总分、35.49分的分差,再度毫无悬念地加冕冠军。**单届奥运会同时收获女子十米台和三米板两个项目的冠军,伏明霞创造了中国跳水的历史。**

两届奥运会夺得三枚金牌,在当时奥运会仅有的两个女子跳水项目中,伏明霞都拥有超强的统治力。继高敏之后,伏明霞成为新一代的"跳水女皇"。

四金荣耀！
"梦之队"巅峰对决

1997年伏明霞选择退役，但她在一年之后复出，剑指2000年悉尼奥运会。这届奥运会中，伏明霞和郭晶晶搭档，在女子双人三米板的比赛中收获银牌。

当地时间9月28日，2000年悉尼奥运会女子单人三米板决赛，伏明霞和郭晶晶上演了一场巅峰对决。此前在半决赛中，郭晶晶为自己赢得了8.40分的优势。然而决赛前三跳结束后，伏明霞将分差缩小到5.88分。

关键的第四跳，伏明霞的动作虽然难度更低，但完成度更好，她一举超越郭晶晶，带着1.68分的优势进入最后一跳。

最后一跳，伏明霞再度呈现了近乎完美的表演，入水时几乎没有水花。最终，她收获了77.43分，以总分609.42分逆转夺冠。

凭借这枚女子单人三米板金牌，伏明霞三届奥运会拿下四金，成为当时中国体育代表团中奥运金牌数最多的运动员之一。 两代"跳水女皇"的巅峰对决，也成为又一个传承的起点。

她是奥运会"四金王",
入水如利刃,出水如芙蓉;
她是世锦赛"双料五冠王",
十金冠群芳,写就不朽篇章。
她无惧重伤和失利,
王者归来,终现耀眼光芒;
她看淡掌声和荣耀,
荣誉等身,终铸璀璨生涯。
她是**郭晶晶**,
她是在每个赛场上都无比耀眼的
"跳水女皇"。

第二章
"跳水女皇"
——郭晶晶

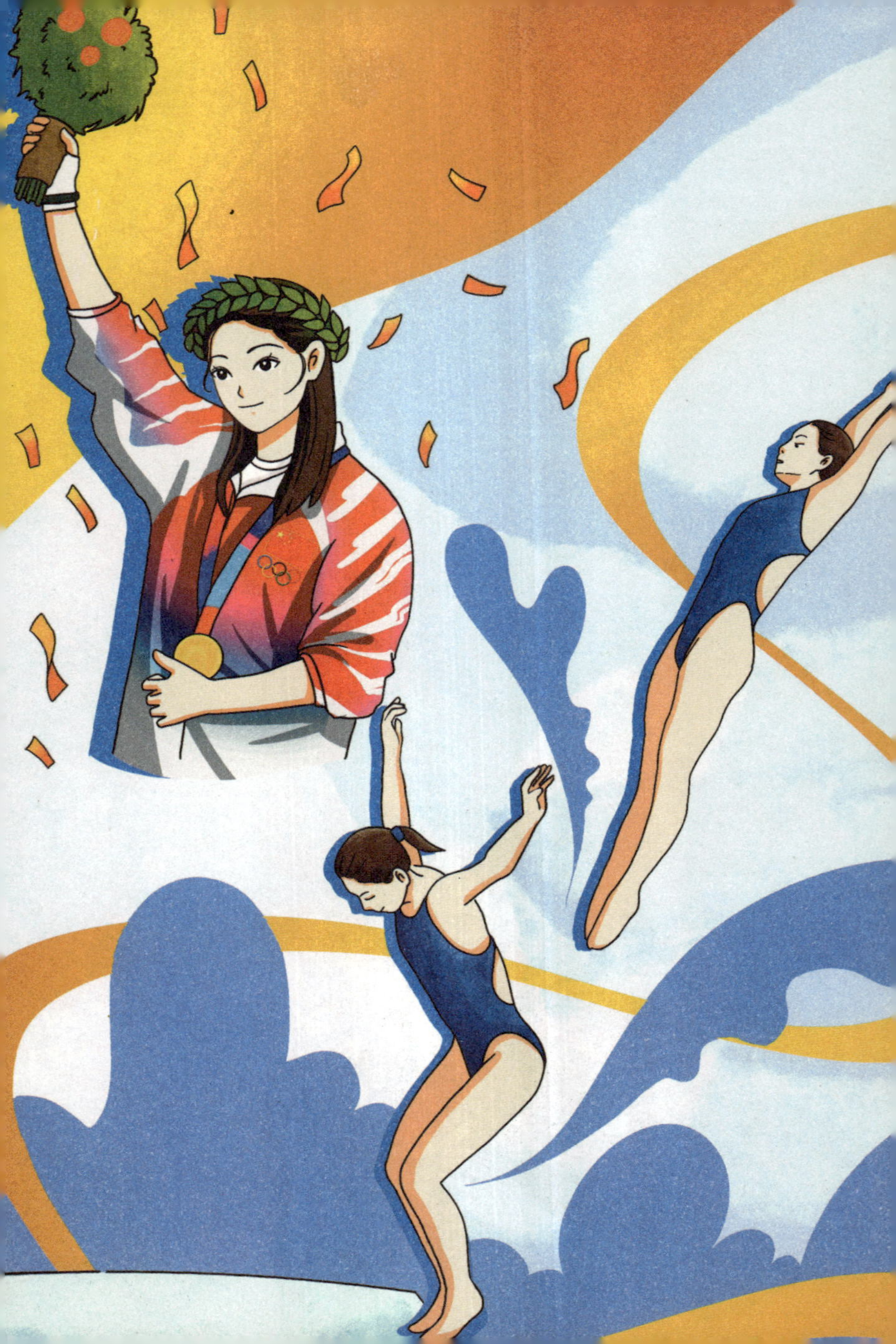

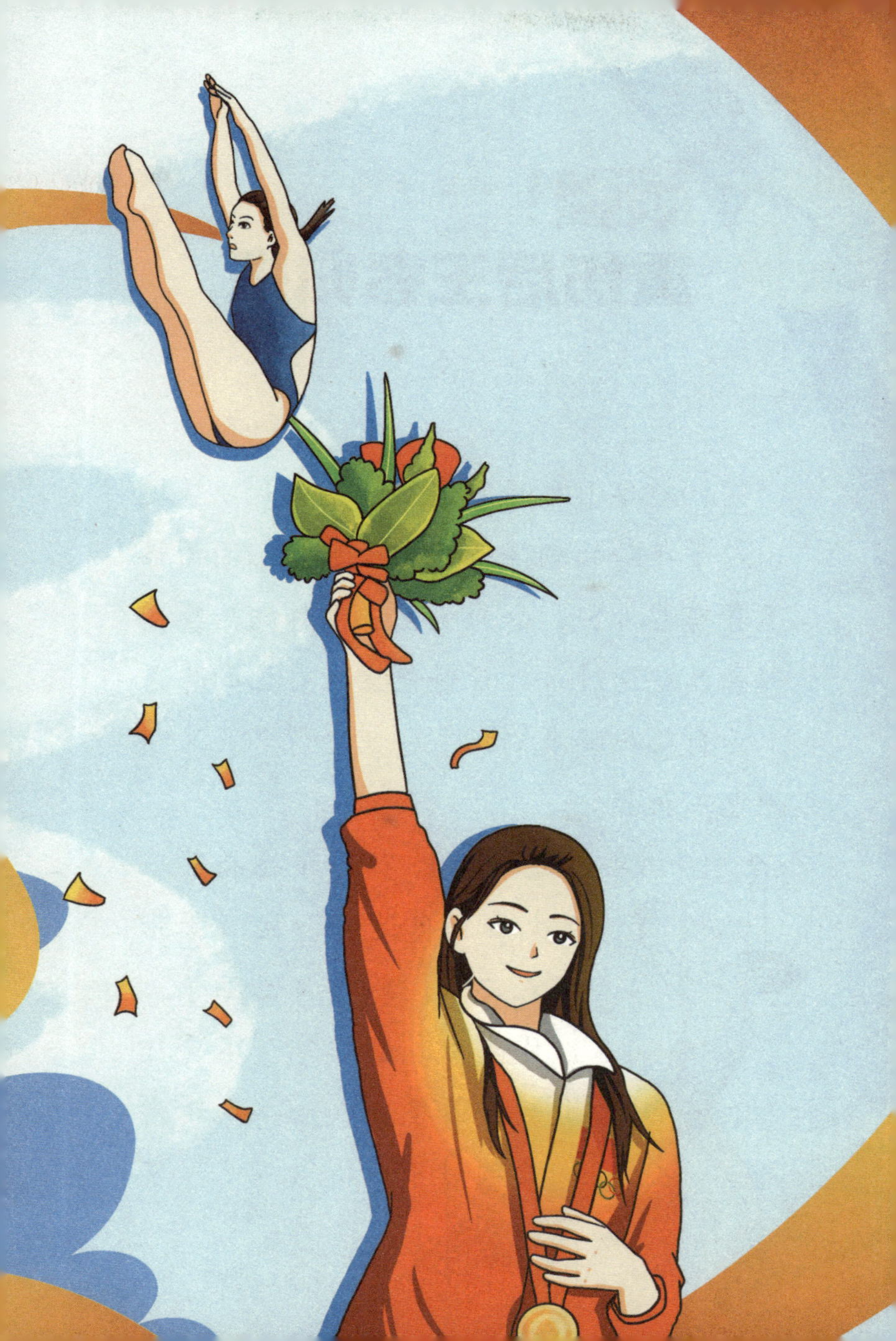

顽强!
重伤后王者归来

1981年出生的郭晶晶,年少时便展现出超乎年龄的顽强。初学跳水时,因为膝盖骨有些外突,会影响空中动作的美感,郭晶晶就通过每天让爸爸坐在自己的膝盖上为自己压腿来矫正,即使疼得又哭又叫她也不放弃。

1996年,还不满15岁的郭晶晶第一次参加奥运会。她既紧张又兴奋,感觉自己脑子一片空白,动作完全不受控制,最终在女子单人十米台项目中获得第五名。不过，年轻的她并没有把这次失利放在心上，回国后，她继续努力训练，为下一次机会做准备。

然而，职业生涯的第一个打击不期而至——郭晶晶在奥运会后的一次训练中遭遇重伤，胫骨、腓骨全部骨折。由于做手术会影响训练，她强忍痛苦，采取了保守治疗。

回归之后，正处于青春期的郭晶晶体重增长了20斤，对一名跳水运动员而言，这是毁灭性的打击，但顽强的她硬是熬过了极其艰苦的减重期和恢复期，回到了赛场。1997年全国第八届运动会，郭晶晶在女子单人三米板项目中获得了亚军。

摘银！
憾负师姐成转折

首次参加奥运会，小将郭晶晶并未将胜负看得特别重。但2000年悉尼奥运会前，她的心态已截然不同。师姐伏明霞的复出给了她不小的压力，郭晶晶每天都更加勤奋地训练，为悉尼奥运会做足了准备。

然而，竞技体育有时就是如此残酷。备战时间更长的郭晶晶，在半决赛中一度领先伏明霞8.40分，最终却输给了伏明霞。2000年悉尼奥运会女子单人三米板的领奖台上，她遗憾地戴上了银牌。

就在五天前，她刚和伏明霞搭档在

女子双人三米板比赛中惜败摘银。时隔五天，再一次与奥运冠军擦肩而过，郭晶晶感觉万念俱灰。赛后，她一度在奥运村消失了，急得教练钟少珍到处寻找。相见后，两人抱头痛哭。

在钟教练的安慰和鼓励下，郭晶晶渐渐走出阴霾。经历了这次奥运会失利的洗礼，郭晶晶脱胎换骨。2001年世锦赛，她夺得两枚金牌，一向平静的她在领奖台上喜极而泣。只有她自己知道，重伤后的王者归来，失利后的东山再起，背后有怎样的辛酸和曲折。

首金!
华丽转变终圆梦

2001年世锦赛后,郭晶晶在女子三米板的比赛中,保持着让人望而生畏的实力。日复一日、年复一年的高强度训练,让她形成了完美的肌肉记忆,也让她呈现出极度稳定的比赛状态。郭晶晶终于不再被前辈耀眼的光芒所掩盖,她迎来了收获的时刻。

2004年雅典奥运会,女子双人三米板展开对决,郭

晶晶和吴敏霞搭档斩获336.90分，击败了2000年悉尼奥运会该项目的金牌得主——俄罗斯组合维拉·伊莲娜/尤里娅·帕卡琳娜。从悉尼惜败到雅典摘金，郭晶晶完成了华丽转变。进入国家队11年，她的第一枚奥运金牌终于来了。

没有充满激情的庆祝，没有令人动情的感言，夺冠后的郭晶晶只平静地留给记者一句话："从第一跳开始，我就知道我们能赢。"

必胜的信心来自无数个艰苦训练的日夜，惊人的平静则源于十几载困难挫折的洗礼。站在雅典赛场上的郭晶晶，已经在跳板上见过巨大的风浪，在低谷中磨砺出了炉火纯青的技艺和波澜不惊的心态。

完美!
开启全新时代

当地时间8月26日,已经手握一枚奥运金牌的郭晶晶,迎来对2004年雅典奥运会女子单人三米板冠军的争夺。因为队友吴敏霞的参赛,这次的竞争很是激烈,但郭晶晶的优势仍然不可撼动。

她平静地走上跳板,腾空而起,随后在空中翻转,再干净利落地笔直入水,每一跳都如艺术般让现场观众如痴如醉。在一阵阵惊呼之中,她拿到633.15分的高分,以21.15分的优势力压吴敏霞摘金。

在比赛的过程中,她完全进入到忘我的状态,一次次走上跳板,一次次奉献完美的表演。赛后当记者问她是否清楚其他选手的分数时,郭晶晶说她的视力只有0.2,她看不清分数,只是在和自己比赛。

对郭晶晶来说,2004年雅典奥运会的征程与其说是比赛,不如说是一场挑战自我、展现自我的表演。

卫冕！
第三枚奥运金牌

2004年雅典奥运会后不久，郭晶晶和吴敏霞的组合解散了，直到2007年，两人才重新"合体"。她们携手拿下了2007年世锦赛的冠军，随后便共同迈向2008年北京奥运会的征程。

8月10日，2008年北京奥运会女子双人三米板的比赛打响。郭晶晶/吴敏霞最主要的对手是来自俄罗斯的阿纳斯塔西娅·波兹尼亚科娃/尤里娅·帕卡琳娜。

第一轮，两对组合势均力敌，都拿到了52.80分。但随后，郭晶晶/吴敏霞用几乎无懈可击的表现征服了裁判，分数遥遥领先，第二轮两人甚至拿到过10分的同步分。最终她们拿到343.50分，以19.89分的优势毫无悬念地卫冕。

领奖台上，郭晶晶幸福地笑了，她帮吴敏霞整理了衣领，还跟热情的观众挥手致意。发布会上她坦言，其实自己也有压力，但"不能被压力压倒，要专注于脚下的跳板"。

世锦赛和奥运会本是竞争异常激烈的舞台，但郭晶晶/吴敏霞组合在这些舞台上从没有输过，她们的境界让对手望尘莫及，只要她们想赢，冠军归属几乎没有悬念。

四金!
演绎最高分神迹

8月17日,2008年北京奥运会女子单人三米板决赛打响,郭晶晶迎来"封神之战"。她是现场观众关注的焦点,一举一动都备受瞩目。

比赛很快成为郭晶晶的个人表演,她的动作流畅而优美,入水也近乎完美,现场裁判毫不吝啬地给出了高分。

415.35分!郭晶晶创造了女子单人三米板项目的职业生涯最高分,以惊人的表现完成了她在奥运会的"最后一舞"。

至此,郭晶晶在奥运会跳水项目中斩获4金2银,成为中国跳水队历史上夺得奥运奖

牌最多的选手。

　　实力和荣誉的背后，是郭晶晶超乎常人的勤勉与坚忍。家门口的奥运会对她来说有着特别的意义，也让她背负了巨大的压力。备战期间，她每天都比别人早去，用训练来对抗压力，就这样坚持了四年。

　　当然，这一切也离不开钟少珍教练的付出和陪伴。夺冠后，郭晶晶还特意对钟教练表达了感谢。八年前她和钟教练相拥的那个痛彻心扉的夜晚，正是她辉煌征程的起点。

包揽！
五连冠震古烁今

2008年北京奥运会结束后，郭晶晶即将年满27岁，退役成为她常常要面对的话题。然而，郭晶晶依然热爱跳水，依然享受她的每一场比赛。经过一段时间的休整，她回到跳水赛场，继续自己的征途。

2009年7月，罗马游泳世锦赛，郭晶晶在女子单人三米板的比赛中毫无悬念地拿下冠军，领先第二名埃

米莉·海曼斯多达41.75分。在女子双人三米板的角逐中，她与搭档吴敏霞再度夺冠。

至此，郭晶晶在世锦赛女子单人三米板和女子双人三米板两个项目中都实现了五连冠。统治力之强、巅峰时间之长，让人叹为观止。

加冕震古烁今的"双料五冠王"，让郭晶晶成为当年跳水领域最耀眼的巨星。在权威杂志《游泳世界》评选出的"2009年世界最佳跳水运动员名单"中，她再次当选最佳女运动员，这也是她连续第三年获得该荣誉。

转身！新赛场仍旧耀眼

2011年，经过很长时间的思索与纠结，郭晶晶还是决定结束自己持续了二十多年的跳水生涯，正式宣告退役。

退役之后的郭晶晶，热衷于公益慈善事业。2014年，她成为联合国儿童基金香港委员会大使，推动改善发展中国家妇女及儿童的生活。2018年，她被任命为世界自然基金会海洋大使，呼吁更多人保护濒危海洋生物，正视海洋垃圾、过度捕捞等问题。此外，多年来，她还数次向受灾地区捐款，为受到灾情影响的人提供帮助。

与此同时，郭晶晶的身影遍布各类大型运动会。在2020东京奥运会（因疫情原因延期至2021年举办）期间，她重回跳水赛场，成为跳水比赛的评委。**2023年杭州亚运会，她不仅担任杭州站的火炬手，还在开幕式中担任会旗执旗手。**

在新的赛场，她依旧无比耀眼。

"四朝元老"缔造五金辉煌,
吴敏霞
用奥运会女子双人三米板上的四连冠,
演绎不败神话。

"跳台女皇"诠释坚守的力量,
陈若琳
用奥运会女子双人十米台上的三连冠,
铸就一代传奇。
她们是梦之王者,
她们都曾五次站上奥运会最高领奖台。
在漫长的中国奥林匹克史上,
她们站在最耀眼的山峰之上。

第三章

梦之王者
——吴敏霞 & 陈若琳

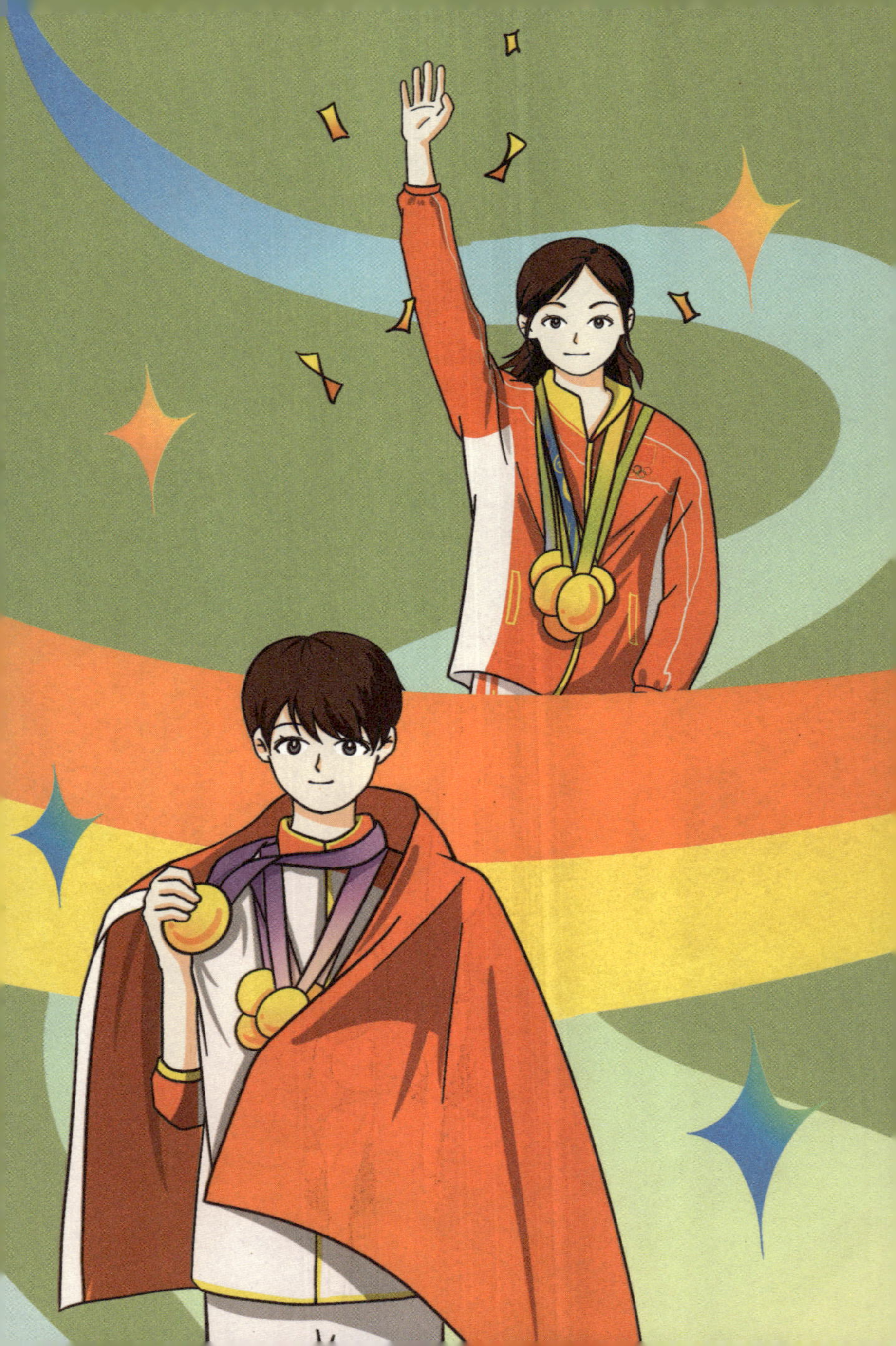

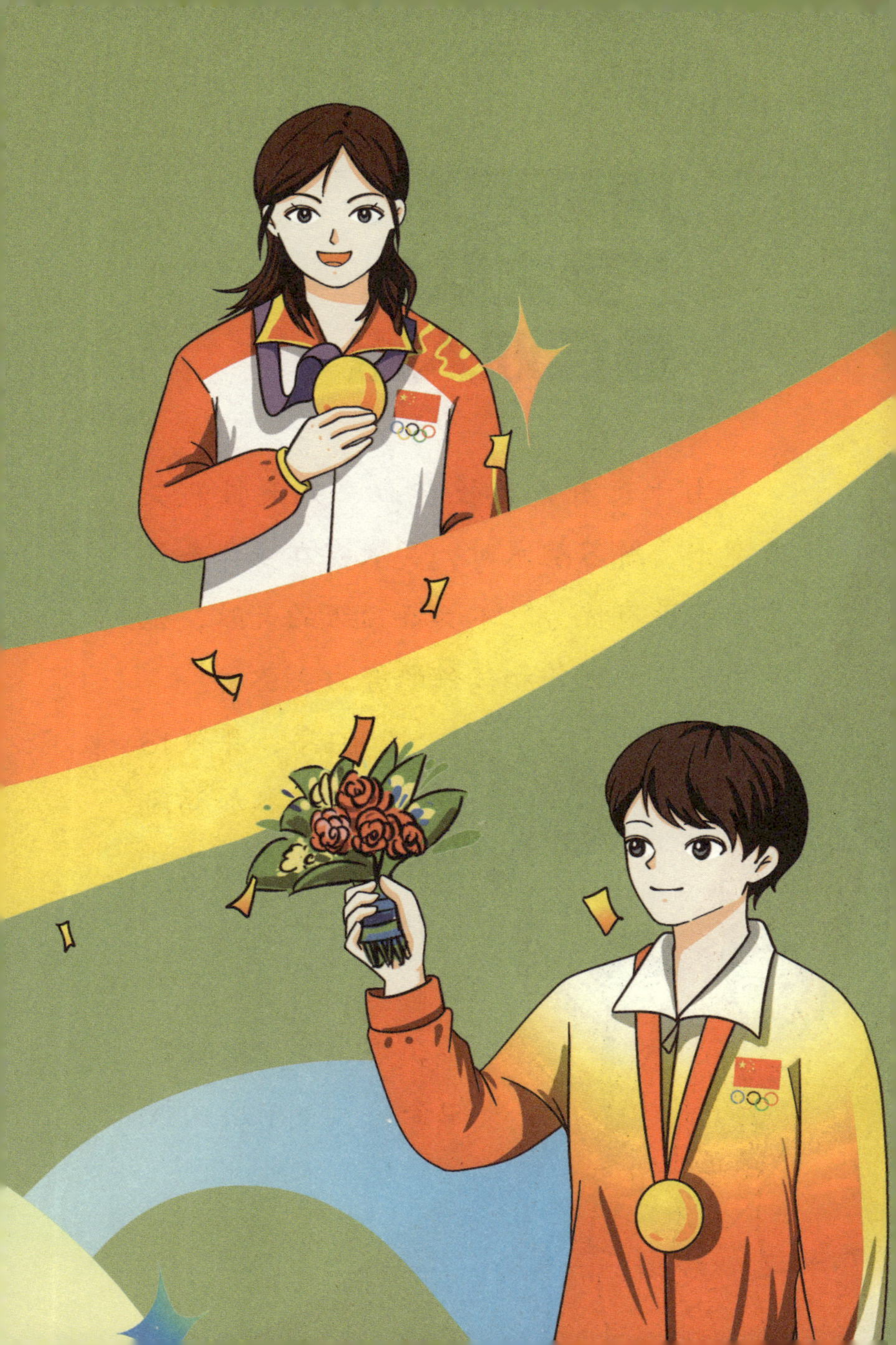

两夺冠军！
"梦之队"最佳双人组

由于患有先天性贫血、先天性髋关节突出，练习跳水时，吴敏霞在身体条件方面并没有优势。不具备顶级的天赋，她就用极度的刻苦和极致的努力去弥补。

2001年，年仅15岁的吴敏霞参加福冈世锦赛，便和郭晶晶搭档夺得女子双人三米板冠军。自此之后，郭晶晶/吴敏霞组合在大赛中所向披靡、战无不胜。

2004年雅典奥运会，吴敏霞首登奥运赛场。她与郭晶晶搭档，在女子双人三米板项目中以6.06分的优势险胜夺冠。在女子单人三米板的比赛中，吴敏霞收获了一枚银牌。四年后的北京奥运会，相似的一幕再次出现，吴敏霞与郭晶晶搭档，蝉联了女子双人三米板的冠军；在单人项目中，她再度成为绿叶，最终收获一枚铜牌。

2012年，当吴敏霞以26岁的年龄再战奥运会之时，郭晶晶已经退役。中国跳水的大旗需要吴敏霞扛起，一直以来的女子单人三米板奥运金牌梦，也等待她去实现。

史无前例!
吴敏霞斩获三连冠

2012年伦敦奥运会,吴敏霞身边的搭档换成了何姿,两人联手出战女子双人三米板的比赛。26岁的吴敏霞在跳水项目中已经是高龄运动员,但一身的伤病没能阻挡她追逐梦想的步伐。

当地时间7月29日,吴敏霞/何姿完美演绎五跳,斩获346.20分,领先第二名多达24.30分,毫无悬念地夺得冠军。**吴敏霞连续三届奥运会在同一个项目中斩获金牌,成为中国体育代表团史无前例的"第一人"**。

接下来的女子单人三米板的比赛,将是吴敏霞职业生涯中最重要的一场战役,苦苦追寻的梦想能否成真,就取决于她这一战的表现。

当地时间8月5日,2012年伦敦奥运会女子单人三米板决赛打响。吴敏霞在前两跳斩获159.25分,落后队友何姿0.95分。第三跳,她选择了"向前翻腾三周半屈体"。曾数次在这个动作上出现失误的吴敏霞,如今在离梦想一步之遥的地方,能否攻克难关?

夙愿成真!
摘生涯最重要金牌

深呼吸后,吴敏霞走上跳板,起跳、翻腾、入水,整套动作干净利落,几乎完美。现场爆发出雷鸣般的掌声,吴敏霞也如释重负。85.25分,吴敏霞克服心魔拿下高分。最后两跳,吴敏霞用无可挑剔的表现征服了现场的裁判。总分414.00分,领先队友何姿34.80分,吴敏霞成功夺得2012年伦敦奥运会女子单人三米板冠军。

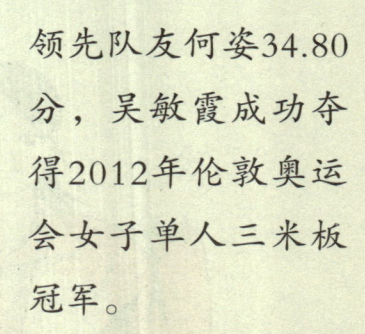

历经三届奥运

会，她终于实现了夙愿。往日平静如水的吴敏霞再也控制不住自己的情绪，她在接受采访时几度哽咽："我觉得自己做到了。"就连被她击败的何姿也表示："我为霞姐感到开心，这么多年我看到她的努力，我真的很为她感动。"

这枚金牌让吴敏霞实现了女子三米板的"大满贯"（在奥运会、世锦赛、世界杯三大赛事的单人、双人项目中均夺冠），征战多年，荣誉等身，她独缺这枚奥运会单人项目的金牌。

五金辉煌！"四朝元老"完美谢幕

当努力成为习惯，停下反而变得困难，吴敏霞毅然决然地选择延续职业生涯。2016年，已经30岁的她再度站上了奥运会的赛场。这一次，她身边的搭档换成了24岁的施廷懋。当地时间8月7日，两人携手出战2016年里约奥运会女子双人三米板的比赛。

比赛的进程依旧毫无悬念，五跳结束后，两人斩获345.60分，领先第二名31.77分夺冠。

在奥运会同一个项目中实现四连冠，共斩获五枚金牌、一枚银牌、一枚铜牌，吴敏霞创造了一连串传奇纪录。

赛后采访中她再度哽咽,平时低调谦虚的她罕见地表扬了自己:"挺伟大的,从来没有想象过(自己)能够坚持这么久。"

当年那个不被看好的倔丫头、连续两届奥运会成为绿叶的"最佳配角",在中国奥林匹克史上写就了一段璀璨的篇章。这篇章里没有耀眼的天赋、没有华丽的开端、没有高调的宣言,唯有十几年如一日的坚忍和坚持,平静如水却又澎湃激昂。

跳台新星!
15岁摘奥运首金

15岁初登奥运赛场之前,陈若琳已经在世锦赛和世界杯等多项赛事中摘金夺银,向世界展现了自己在女子十米台上的实力。

但只有陈若琳自己知道,每次身轻如燕完成动作的背后,有着怎样的艰辛。作为一名女子跳台选手,她在2008年北京奥运会前正经历职业生涯最大的挑战——"发育关"。

此时的陈若琳,饱受身体发育带来的体重增长的困扰。为了控制体重,她想尽了一切办法,从不吃零食到不吃主食,再到用睡觉驱赶饥饿,陈若琳在饥饿中度过了无数个艰苦训练的日子,只为在2008年北京奥运会的征程中能保持最佳的竞技状态。

站上2008年北京奥运会女子双人十米台的赛场,陈若琳和搭档王鑫没有遇到任何挑战。**她们高质量地完成了五个动作,最终以363.54分的高分夺得冠军。**

年仅15岁便夺得奥运冠军,陈若琳迎来了职业生涯的重要时刻。

惊世一跳！
100.30分绝杀夺冠

　　北京时间8月21日，2008年北京奥运会女子单人十米台决赛打响。比赛开局，陈若琳与加拿大名将埃米莉·海曼斯难分伯仲。但海曼斯在第四跳完美发挥，得到95.20分的高分，并最终以总分437.05分结束了自己的比赛。

　　陈若琳必须在最后一跳拿到89.65分才能追平海曼斯的成绩，但此前她表现最好的一跳也只得到89.10分。加拿大队已经开始提前庆祝，金牌似乎已是海曼斯的囊中之物。

　　场馆内弥漫着让人窒息的紧张感。

陈若琳面无表情地走上跳台,现场陷入极致的安静。**她起跳、转体、完美入水,毫无瑕疵地完成了一套高难度的动作。**水花消失了,海曼斯脸上的笑容也消失了。

现场的7位裁判中有4位给陈若琳打出了满分,最终陈若琳收获100.30分,以总分447.70分完成超级逆转。

赛后,15岁的小将抱着教练痛哭,庆祝这场荡气回肠的大逆转。首战奥运,陈若琳便加冕"双金王"。

"跳台女皇"！
陈若琳加冕"四金王"

2008年北京奥运会的惊心动魄，陈若琳不想再经历一次。在随后的四年时间里，她把自己打磨得更加成熟稳定，以更加老练的姿态出征2012年伦敦奥运会。

在率先进行的女子双人十米台的比赛中，陈若琳与汪皓搭档，五跳取得368.40分的高分，领先第二名多达25.16分，以巨大优势夺得金牌。

"还不能

庆祝，因为我后面还有单人的比赛。"夺冠后，陈若琳展现出一如既往的淡定。

在当地时间8月9日进行的单人比赛中，陈若琳拿到了422.30分，领先第二名55.80分，再度获得冠军。

至此，陈若琳书写了跳水史的又一个传奇——在女子单人十米台和双人十米台两个项目中都蝉联了奥运冠军。

凭借两届奥运会豪取四枚金牌的成绩，她也追平了诸位前辈的纪录，成为当时中国跳水队获得奥运金牌最多的运动员之一。

"五金王者"！
完美谢幕传承荣耀

一代传奇并未就此停下脚步。

2016年里约奥运会，已经23岁的陈若琳迎来了自己的第三次奥运之旅。她与搭档刘蕙瑕出战女子双人十米台的比赛，依旧是稳定的发挥，依旧是毫无悬念的结果。陈若琳/刘蕙瑕收获354.00分，顺利摘金。

从2008年北京奥运会的初出茅庐，到2016年里约奥运会的完美谢幕，陈若琳实现了女子双人十米台项目奥运三连冠的伟业，同时她也凭借五枚奥运金牌成为中国体育代表团中获得奥运金牌最多的运动员之一。

八年前在北京完成那场"史诗级"的逆转后,陈若琳抱着教练痛哭。这次在里约完成惊艳的"最后一舞"后,陈若琳又哭了。过去四年,已是跳台高龄选手的陈若琳,用坚忍和毅力走过了异常艰苦的漫长征程。

退役后的陈若琳传承着中国跳水队在跳台上的辉煌,她成为跳台新星全红婵的主管教练,努力陪伴天才少女铸就新的传奇。

他14岁征战奥运会,
遭遇劲敌遗憾摘银,
收获"无冕之王"的美誉;
他苦等八年终圆奥运金牌梦,
惊艳一跳功成身退,
留下随时等待祖国召唤的豪言;
他兑现诺言再登奥运赛场,
双金绽放铸就华丽巅峰。
他是"跳水王子"熊倪,
跳台和跳板之上,
都留下了他的夺冠雄心和赤子之心。

第四章

"跳水王子"
——熊倪

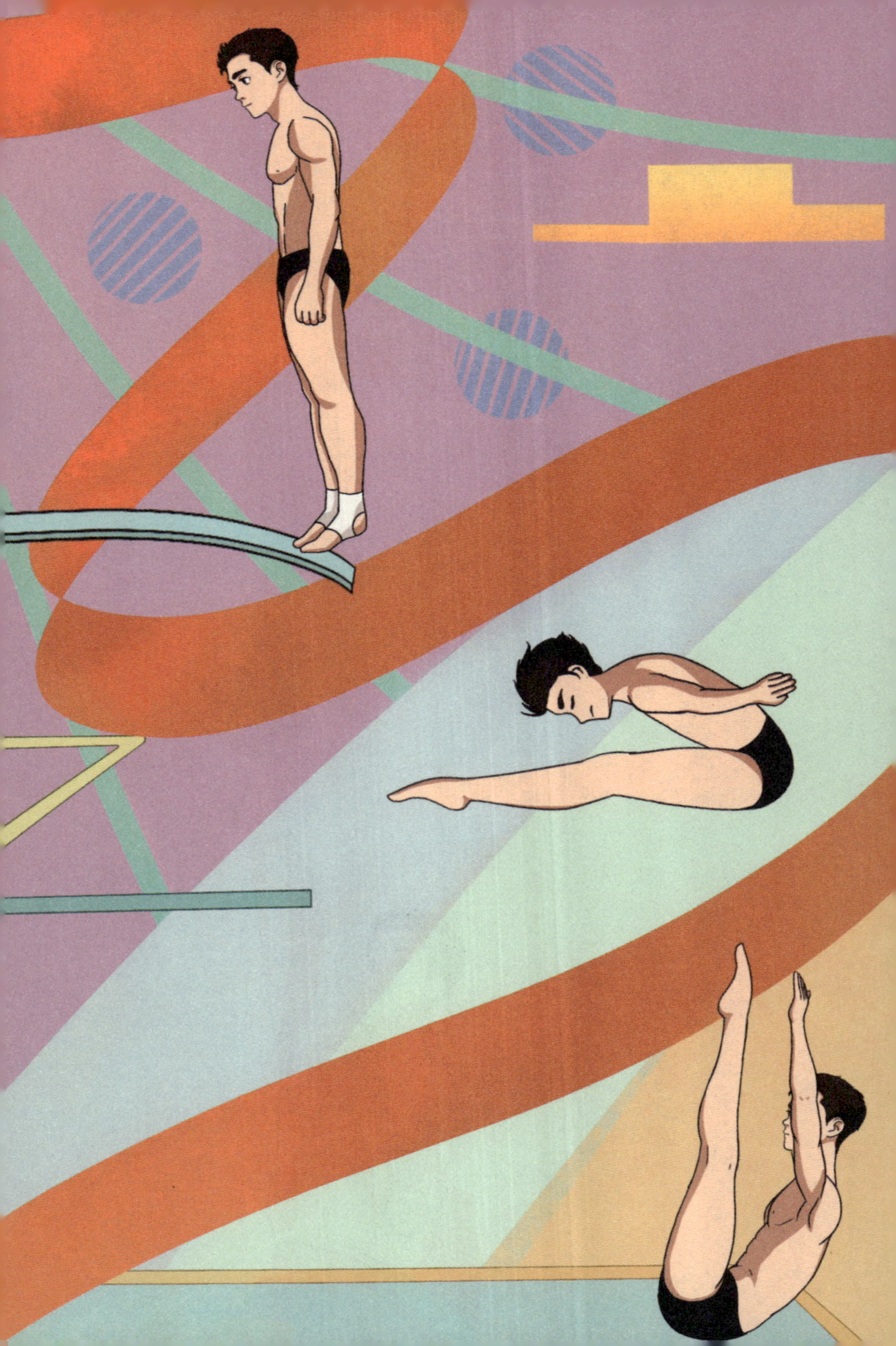

1996

中国

2000

"无冕之王"!
熊倪遗憾摘银

年仅14岁首次征战奥运会,熊倪就与跳水传奇格雷格·洛加尼斯激战至最后一刻。少年天才惊艳亮相,却收获了遗憾摘银的结果和"无冕之王"的称号。

当地时间9月27日,1988年汉城奥运会男子单人十米台决赛,中国小将熊倪的最强对手是来自美国的洛加尼斯。

作为跳水运动中的传奇,洛加尼斯在本届奥运会中遭遇意外。他在率先进行的男子单人三米板的比赛中,后脑勺与跳板相

撞,血染泳池。受伤后仍然坚持参赛,再加上多年征战赛场给人留下的极佳印象,影响了裁判对洛加尼斯的打分。

男子单人十米台决赛最后一跳前,熊倪还领先洛加尼斯3分。最后一跳,熊倪的发挥几乎完美,洛加尼斯的发挥却略有瑕疵。然而打分结果让人大跌眼镜,最终熊倪以1.14分的劣势败给洛加尼斯。

带有争议的打分让熊倪错失了奥运金牌,也让他的首次奥运之旅留下了遗憾。

圆金牌梦!
苦等八年终登顶

继1988年汉城奥运会遗憾摘银之后,熊倪又在1992年巴塞罗那奥运会中获得铜牌,连续两届奥运会无缘金牌,让熊倪一度萌生退意。

但最终熊倪还是决定为梦想再搏一把,他从跳台转到了跳板,开启了全新的挑战。1996年亚特兰大奥运会男子单人三米板的比赛,成为熊倪圆梦的舞台。

这场比赛,熊倪和队友余卓成展开了一场高水平的比拼,率先完成比赛的余卓成拿到690.93分,熊倪需要在最后一跳拿到77.19分以上才能收获金牌。

经历过各种坎坷挫折，再次站上奥运赛场的熊倪更加成熟老练。**面对压力他泰然处之，以惊艳一跳完美收官。伴随着熊倪几乎没有水花的入水，全场观众发出惊呼，余卓成也给他送上掌声。**

最后一跳熊倪收获87.72分，他以总分701.46分夺得1996年亚特兰大奥运会男子单人三米板冠军。熊倪的这枚金牌，也是中国跳水在男子跳板项目中的第一枚奥运金牌。

兑现诺言！
复出助阵"梦之队"

领奖台上，熊倪高举双手向全场观众致意，八年前那个青涩的少年如今终于实现了梦想。

1997年，熊倪选择退役，但他留下了"只要祖国召唤我，我将毫不犹豫奉献我的一腔热血"的诺言。1998年，中国跳水队陷入低谷，队里向熊倪发出了召唤。

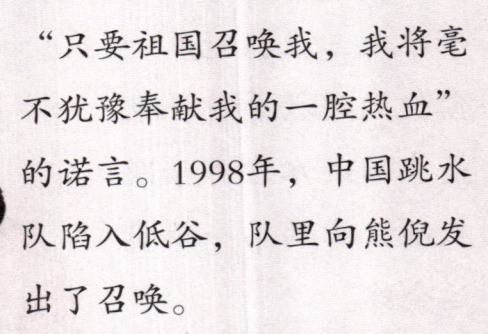

熊倪毫不犹豫地兑现了诺言，无惧复出会面临的种种困难，毅然投入到2000年

悉尼奥运会的备战中。

然而，许久不曾参加运动员的专业训练，他想要复出又谈何容易？身体状态的下滑是熊倪首先要面对的问题，用他自己的话说，曾经的八块腹肌已经变成三块肥肉了。为了找回状态，熊倪拼命地训练，一度在加练时因为强度太大而呕吐。除此之外，年龄和多年训练带来的伤病也一直困扰着他。但重压之下熊倪还是咬牙坚持了下来，挺过了那段艰难的日子。

2000年悉尼奥运会，"四朝元老"即将迎来绽放的时刻。

超级逆转！
熊倪洒下英雄泪

2000年悉尼奥运会，中国跳水队出师不利，在率先进行的女子单人十米台、男子双人十米台和女子双人三米板三个项目中，全部无缘金牌。当地时间9月26日，熊倪带着压力出战男子单人三米板的比赛。

比赛的进程惊心动魄，半决赛结束，熊倪仅排在第四位。决赛前两跳结束，他已经落后俄罗斯名将德米特里·萨乌丁30.63分，夺冠希望极其渺茫。但熊倪并没有放弃，他用一个个近乎完美的动作不断缩小差距。最后一跳前，熊倪已经追至第二位，落后萨乌丁10.98分，领先处于第三位的费尔南多·普拉塔斯2.34分。

最后一跳，普拉塔斯拿到了83.64分的高分，萨乌丁则心理出现波动，进而出现严重的失误。熊倪最后一个登场，决定命运的一跳开始了。他不动声色地走上跳板，稳稳腾空，空中动作几乎完美。最终熊倪收获81.60分，以0.30分的优势拿下金牌，上演了惊天大逆转。

双金绽放！
缔造辉煌征途

现场见证大逆转的观众欢声雷动，此时的熊倪早已无法控制自己的情感，他和中国跳水队的领队周继红相拥而泣，任由泪水流淌。但当他站上领奖台时，全场观众看到的却是一个自信、微笑、淡然的熊倪。

绝境之中力挽狂澜，熊倪以一己之力止住了中国跳水队的颓势，也唤醒了"梦之队"的惊人战力。在之后的比赛中，中国跳水队包揽了2000年悉尼奥运会剩下的四个跳水项目的金牌。

当地时间9月28日，在男子双人三

米板的比赛中,熊倪与搭档肖海亮拿到365.58分的高分,以领先第二名35.61分的巨大优势夺得冠军。至此,熊倪在2000年悉尼奥运会中加冕"双冠王","四朝元老"收获三枚奥运金牌。

首战奥运遗憾摘银、再战奥运仅获铜牌、三战奥运终圆梦想、四战奥运双金绽放,熊倪走过了一段无比曲折又极其辉煌的奥运征途。

无名英雄！
熊倪完成艰巨任务

2001年，熊倪宣布退役，四战奥运会收获3金1银1铜，他带着辉煌转身。退役之后的熊倪，依旧活跃在体育事业之中。

2008年北京奥运会开幕式，李宁手执火炬在空中走过绘有祥云的画卷，完成了奥运史上最恢宏、难度最高的一次点火仪式。

不为人所知的是，这次点火仪式中，熊倪是幕后的"无名英雄"。作为李宁的替补，熊倪全程参与了点火仪式的排练，随时待命，随时准备执行这一艰巨的任务。

"只要祖国召唤我,我将毫不犹豫奉献我的一腔热血"的诺言又一次回响,熊倪默默无闻地为这次点火仪式做出了巨大的贡献。

在2008年北京奥运会开幕式中,熊倪还作为八位执旗手之一,执奥林匹克会旗步入会场。这份颇具意义的荣耀,是对这位跳水运动员最大的褒奖。

周继红纵身一跃，
拼出中国跳水奥运首金；
田亮两夺奥运金牌，
无愧"跳台王子"美誉；
曹缘跳台跳板自如切换，
三战奥运终成全能战士；
施廷懋传承荣耀，
无惧伤病加冕奥运"四金王"；
全红婵一跳成名天下知，
用"水花消失术"诠释何为天才少女。
中国跳水的发展史，
是一部缔造荣耀与传承荣耀的历史，
致敬中国跳水"梦之队"的
每一位追梦人。

第五章

英雄辈出
——璀璨星光

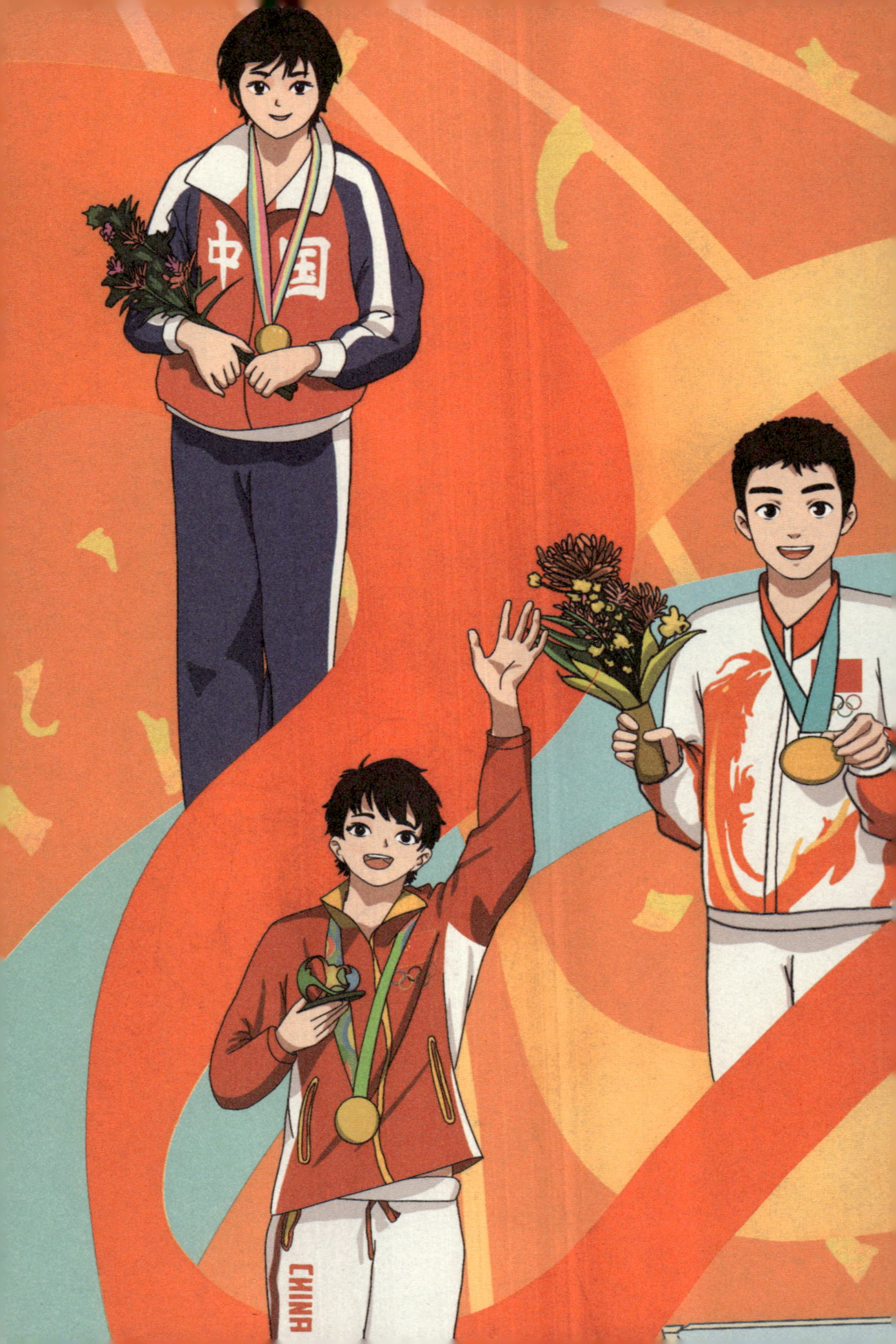

中国
CHINA

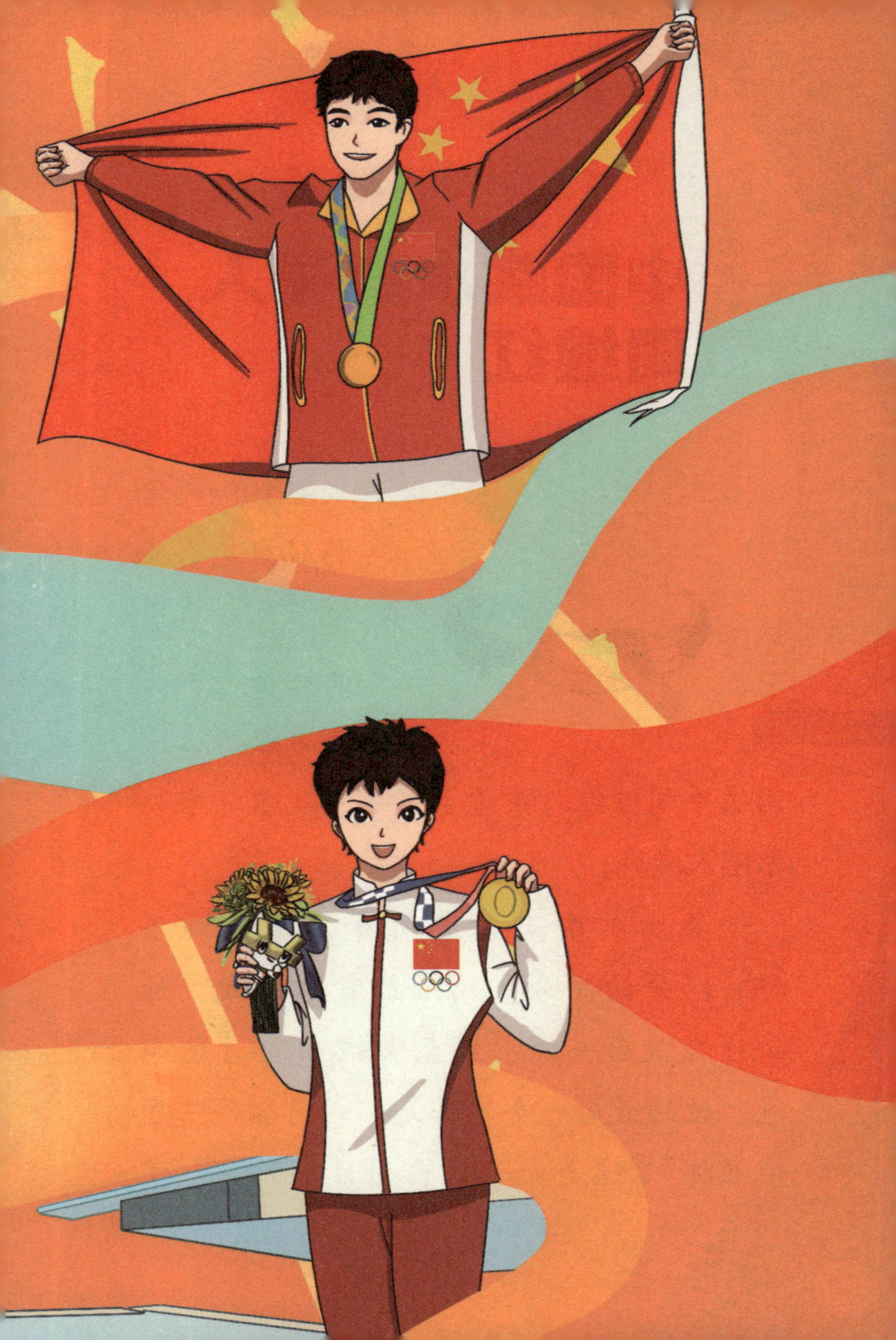

"零的突破"!
中国跳水奠基人周继红

1984年洛杉矶奥运会女子单人十米台的比赛进行得异常激烈,中国选手周继红与东道主选手米歇尔·米切尔陷入激战。

米切尔率先完成比赛,她拿到了431.19分的高分。周继红背水一战,她必须在最后一跳拿到至少52.38分才能夺冠。她的最后一个动作是"向前翻腾三周半屈体",这是女子跳台项目中的一个高难度动作。

走上跳台、坚定向前、优雅翻转，周继红比较出色地完成了动作。最终，她以4.32分的微弱优势惊险夺冠，成为中国跳水历史上首个奥运金牌得主。

这枚金牌就此成为中国跳水荣耀征程的开端，在往后的岁月里，周继红作为一个重要的参与者和见证人，传承着中国跳水的辉煌。

1998年，中国跳水队陷入低谷，周继红临危受命，成为中国跳水队的领队。1999年世界杯，她率领中国跳水队在10个项目中夺得9枚金牌。

然而，一年之后的悉尼奥运会，周继红感受到了前所未有的压力。被寄予厚望的中国跳水队连续失利,伏明霞/郭晶晶、田亮/胡佳接连在重要的夺金点上折戟。

当地时间9月26日进行的男子单人三米板决赛,熊倪在绝境之中演绎超级逆转,最终以0.30分的微弱优势惊险摘金。这枚金牌一扫中国跳水队连续失利的阴霾,周继红在赛后抱着熊倪痛哭的画面,成为中国奥运史上的经典一幕。

这届奥运会,中国跳水队最终斩获了五枚金牌。在周继红的执掌之下,中国跳水队成长为一支"王牌之师",也享有"梦之队"的美誉。

如今,中国跳水队在奥运会上夺金大家已经习以为常,包揽全部八个项目的金牌,才是接下来的目标。

跳水"梦之队"曾经在2008年北京奥运会、2016年里约奥运会和2020东京奥运会中,都夺得了七枚金牌。

在周继红的率领下,中国跳水队正一次又一次冲击包揽八金的至高荣耀。

"跳台王子"！
田亮两夺奥运金牌

"我要战胜萨乌丁！"出征2000年悉尼奥运会前，年仅21岁的田亮向跳水传奇发起挑战。四年前的奥运会首秀，懵懂的田亮并未获得奖牌。再战奥运会，他已经是中国男子跳台项目的领军人，在这个竞争压力最大的项目中，他肩负起捍卫中国跳水队荣耀的重任。

在率先开始的男子双人十米台的比赛中，田亮/胡佳组合惜败摘银。到了男子单人十米台的比赛，田亮憋着股劲要证明自己。然而，他的征程却没那么顺利。决赛前三跳结束后，田亮与第一名的差距巨大。第四跳，站在悬崖边的田亮要完成难度系数3.6的高难度动作。

跳跃、腾空、翻转、入水，田亮一气呵成，近乎完美地完成了这个超高难度动作。他征服了现场的观众和裁判，收获了101.52分的高分，一举扭转了颓势。

最终，田亮以724.53分加冕男子单人十米台的冠军，中国跳水队时隔八年再夺该项目奥运金牌。 惊天一跳、惊险取胜，赛后田亮和教练激动庆祝，他的教练还将他一把推到水里，上演了两人庆祝的"保留节目"，现场的气氛也被彻底

点燃。

"四年前的悉尼奥运会上,我丢了双人金牌。从那以后我就发誓,我一定要拿回我的双人金牌。"出征2004年雅典奥运会,田亮的目标非常明确,那便是弥补之前男子双人十米台项目摘银的遗憾。

这一次他与搭档杨景辉出战,两位选手从第二跳开始就稳居第一,最后两跳更是都拿到了90分以上的高分。最终,他们以383.88分斩获男子双人十米台的冠军,而田亮也在雅典摘下了自己跳水生涯的第二枚奥运金牌。

在男子单人十米台的比赛中,中国选手胡佳获得金牌,田亮则收获了一枚铜牌。最终,田亮以1金1铜的成绩结束了自己的最后一次奥运之旅。

2012年,田亮入选国际泳联名人堂。

这位"跳台王子"在世界杯、世锦赛中摘金夺银，荣誉无数，缔造了极其辉煌的职业生涯。

尽管在2000年和2004年两届奥运会中都留下了些许遗憾，但田亮依旧书写了属于自己的传奇篇章。

全能战士！
曹缘跳台跳板自如转换

十米跳台和三米跳板，可谓完全不同的跳水项目。它们对于运动员的能力和日常训练的要求，有着巨大的差异。但在中国跳水队中有一位全能战士，能在跳台和跳板项目中自如转换。他叫曹缘，三届奥运会在不同的项目中摘下三枚金牌，他

创造了前所未有的历史。

2012年伦敦奥运会男子双人十米台的比赛打响,曹缘与搭档张雁全出战。两人在最后一跳中斩获99.36分的高分,最终以486.78分夺得金牌。**曹缘首夺奥运金牌,自此开启了自己的传奇征程。**

2016年,当曹缘站上里约奥运会的赛场,他已经成为一名跳板选手。在男子双人三米板的比赛中,他与秦凯搭档斩获铜牌。在男子单人三米板的决赛中,他六跳中有四跳斩获90分以上的高分,最终以547.60分夺得冠军。

两届奥运会,曹缘出战了三个不同的项目,斩获2金1铜。但他没有就此止步,而是开启了2020东京奥运会的备战之旅。

备战2020东京奥运会的过程中，曹缘要兼顾跳台和跳板。为了确保自己在各项目中都能拥有出色的竞技状态，他保持了超乎常人的训练量。

最终，曹缘出战了男子双人和单人十米台项目。在男子双人十米台项目中，曹缘与搭档陈艾森以1.23分的劣势憾负摘银。在对男子单人十米台冠军的争夺中，曹缘和杨健两位中国选手上演了极致的巅峰对决。最终曹缘拿到582.35分的高分，以1.95分的优势险胜杨健，夺得男子单人十米台的冠军。

曹缘三战奥运会，在男子双人十米台、男子单人三米板和男子单人十米台三个项目中分别夺金，成为奥运史上唯一在三个不同项目

中夺得金牌的跳水运动员。

跳台跳板自如切换的曹缘,用出众的天赋和极致的勤勉,缔造了前无古人的奇迹。

荣耀传承！
施廷懋加冕"四金王"

女子三米板，可谓中国跳水队的王牌项目。自2016年里约奥运会起，施廷懋传承了这份荣耀。1991年出生的施廷懋，职业生涯的开端极其辉煌。2011年首战世锦赛，她就拿下女子一米板的金牌。进入2016年里约奥运会周期，她与搭档吴敏霞在女子双人三米板项目中战无不胜。在单人项目中，她也成为"梦之队"的王牌，承担起中国跳水队冲击金牌的重任。

在2016年里约奥运会女子双人三米板的比赛中，吴敏霞加冕奥运"五金王"，彼时站在她身边的便是首战奥运就夺金的施廷懋。**比赛进程毫无悬念，两人斩获345.60分，领先第二名31.77分。回顾夺冠的征程时，施廷懋说："我觉得太快了，还没享受完呢。"**

在当地时间8月14日进行的女子单人三米板决赛中，意犹未尽的施廷懋发挥近乎完美。她在和队友何姿的强强对话中，取得了18.15分的优势，强势夺金。

首战奥运会就夺得两枚金牌，施廷懋云淡风轻的背后也有不为人知的紧张。回忆起最后一次起跳的场景，她感叹："心跳突然一下就加速了。我站了很久才跳下来。"

2020东京奥运会，施廷懋在双人项目中的搭档已经换成了王涵。又是一次毫无悬念的比赛，两人以25.62分的优势夺得金牌。当地时间2021年8月1日，女子单人三米板的决赛打响。此时的施廷懋已经年近30岁，是跳水项目中不折不扣的高龄选手，两个脚踝上厚厚的绷带，诉说着她和岁月战斗的残酷。"对我来说，没有很舒服的时候，只有痛和很痛的区别。"她如此描述自己的状态。

　　随着最后一跳完美入水，施廷懋斩获383.50分，以34.75分的优势赢得冠军，夺得自己职业生涯的第四枚奥运金牌。此时的她再也压抑不住自己激动的情绪，双手掩面，喜极而泣。

颁奖仪式结束之后,郭晶晶、陈若琳和施廷懋三人"比心"的画面,成为中国奥运史上的经典一幕。这三名运动员有着极其相似的运动生涯——天才选手、经历了漫长的奋斗期、取得了耀眼的辉煌成绩。在外人看来,她们曾一鸣惊人,她们曾屡战屡胜,最终她们荣誉等身。但只有她们自己知道,这些不过是努力拼搏之后的苦尽甘来。

仰望星空的天才,经历脚踏实地的努力,最终如愿以偿。

天才少女!
全红婵
一跳成名天下知

2020东京奥运会,天才少女全红婵横空出世,她在赛场上频频演绎"水花消失术",一跳成名天下知。

2007年出生的她,年纪虽然小,天赋却相当耀眼。在东京奥运会之前,全红婵这个名字并不为太多人知晓,但其实早在奥运会前的选拔赛

中,她就战胜国内一众好手夺冠,展现出自己非凡的实力。

当地时间2021年8月5日,年仅14岁、入选国家队还未满一年的全红婵开启了自己的奇迹之旅。在东京奥运会女子单人十米台的决赛中,她在第二跳、第四跳和第五跳中都收获了满分96分。最终,她以466.20分的高分,夺得了这个项目的奥运冠军。

全红婵的总分领先第三名近100分,体现出了她在这个项目中的绝对实力。

天才少女一举问鼎,比结果更让人震惊的,是她在赛场上的表现。全红婵的压水花技术让在场的观众屡次惊呼,每一次她入水之后,水花都好似被泳池"偷走了"。

不仅拥有顶尖的实力、在赛场频频演绎"水花消失术",还拥有天真烂漫的性格,乐观面对艰苦的成长环境,这样的全红婵,毫无悬念地成为全民偶像。

经历过2020东京奥运会的辉煌之后,她依旧保持着出色的竞技状态,外部环境的变化并没有影响她。

2022年世锦赛,全红婵收获2金1银。在女子单人十米台的决赛中,即便在第三跳出现了较大的失误,她也仅仅以0.30分的微弱劣势惜败摘银。接连两次在世锦赛中败给队友陈芋汐遗憾摘银后,2024年2月,更加成熟稳定的全红婵终于斩获了自己职业生涯的第一枚世锦赛金牌。

如今，年轻的全红婵已经成为中国女子跳台项目的领军人之一，我们期待她能让"水花消失术"再次出现在奥运会的赛场。

致敬
奥运会英雄谱

中国跳水队不是天生强大,首战奥运会时他们仅收获1枚金牌;中国跳水队不是战无不胜,他们也曾吞下失利的苦果;但中国跳水队一代代运动员用极致的努力,换来了极致的荣耀。他们在低谷中无畏前行,在巅峰时仍开拓创新。谨以奥运会英雄谱,再现中国跳水队拼搏奋进之路,致敬"梦之队"每一位一跃而下、缔造辉煌的勇士。

1984 年洛杉矶奥运会		
周继红	女子单人十米台	金牌
谭良德	男子单人三米板	银牌
李孔政	男子单人十米台	铜牌
1988 年汉城奥运会		
高敏	女子单人三米板	金牌
许艳梅	女子单人十米台	金牌
谭良德	男子单人三米板	银牌
熊倪	男子单人十米台	银牌
李清	女子单人三米板	银牌
李德亮	男子单人三米板	铜牌

1992年巴塞罗那奥运会

孙淑伟	男子单人十米台	金牌
高敏	女子单人三米板	金牌
伏明霞	女子单人十米台	金牌
谭良德	男子单人三米板	银牌
熊倪	男子单人十米台	铜牌

1996年亚特兰大奥运会

熊倪	男子单人三米板	金牌
伏明霞	女子单人三米板	金牌
伏明霞	女子单人十米台	金牌
余卓成	男子单人三米板	银牌
肖海亮	男子单人十米台	铜牌

2000年悉尼奥运会

熊倪	男子单人三米板	金牌
田亮	男子单人十米台	金牌
熊倪/肖海亮	男子双人三米板	金牌
伏明霞	女子单人三米板	金牌
李娜/桑雪	女子双人十米台	金牌
胡佳	男子单人十米台	银牌
田亮/胡佳	男子双人十米台	银牌
郭晶晶	女子单人三米板	银牌
李娜	女子单人十米台	银牌
伏明霞/郭晶晶	女子双人三米板	银牌

2004年雅典奥运会

彭勃	男子单人三米板	金牌
胡佳	男子单人十米台	金牌
田亮/杨景辉	男子双人十米台	金牌
郭晶晶	女子单人三米板	金牌
郭晶晶/吴敏霞	女子双人三米板	金牌
劳丽诗/李婷	女子双人十米台	金牌

吴敏霞	女子单人三米板	银牌
劳丽诗	女子单人十米台	银牌
田亮	男子单人十米台	铜牌
2008 年北京奥运会		
何冲	男子单人三米板	金牌
王峰 / 秦凯	男子双人三米板	金牌
林跃 / 火亮	男子双人十米台	金牌
郭晶晶	女子单人三米板	金牌
陈若琳	女子单人十米台	金牌
郭晶晶 / 吴敏霞	女子双人三米板	金牌
陈若琳 / 王鑫	女子双人十米台	金牌
周吕鑫	男子单人十米台	银牌
秦凯	男子单人三米板	铜牌
吴敏霞	女子单人三米板	铜牌
王鑫	女子单人十米台	铜牌
2012 年伦敦奥运会		
罗玉通 / 秦凯	男子双人三米板	金牌
曹缘 / 张雁全	男子双人十米台	金牌
吴敏霞	女子单人三米板	金牌
陈若琳	女子单人十米台	金牌
吴敏霞 / 何姿	女子双人三米板	金牌
陈若琳 / 汪皓	女子双人十米台	金牌
秦凯	男子单人三米板	银牌
邱波	男子单人十米台	银牌
何姿	女子单人三米板	银牌
何冲	男子单人三米板	铜牌
2016 年里约奥运会		
曹缘	男子单人三米板	金牌
陈艾森	男子单人十米台	金牌
陈艾森 / 林跃	男子双人十米台	金牌

施廷懋	女子单人三米板	金牌
任茜	女子单人十米台	金牌
吴敏霞 / 施廷懋	女子双人三米板	金牌
陈若琳 / 刘蕙瑕	女子双人十米台	金牌
何姿	女子单人三米板	银牌
司雅杰	女子单人十米台	银牌
秦凯 / 曹缘	男子双人三米板	铜牌

2020 东京奥运会

谢思埸	男子单人三米板	金牌
曹缘	男子单人十米台	金牌
谢思埸 / 王宗源	男子双人三米板	金牌
施廷懋	女子单人三米板	金牌
全红婵	女子单人十米台	金牌
施廷懋 / 王涵	女子双人三米板	金牌
陈芋汐 / 张家齐	女子双人十米台	金牌
王宗源	男子单人三米板	银牌
杨健	男子单人十米台	银牌
曹缘 / 陈艾森	男子双人十米台	银牌
王涵	女子单人三米板	银牌
陈芋汐	女子单人十米台	银牌

截至 2020 东京奥运会结束

典藏 中国跳水荣耀时刻

"无冕之王"

跳水运动员谭良德的奥运征程充满了遗憾。这位中国跳水队早期的王牌选手,连续三届奥运会都拿到银牌,是不折不扣的"无冕之王"。

1984年洛杉矶奥运会和1988年汉城奥运会,谭良德在男子单人三米板的比赛中,都拿到了银牌。彼时来自美国的跳水传奇格雷格·洛加尼斯如日中天,谭良德无法撼动他的地位。1992年巴塞罗那奥运会,已经不在职业生涯巅峰的谭良德进行最后一搏,却还是输给了岁月,再次拿到银牌。

他的妻子李清,同样曾是中国跳水队的运动员,也曾拿到过奥运银牌。这对"银牌夫妇"退役之后没有离开跳水领域,他们成为教练。在他们的悉心培养之下,胡佳、杨景辉、罗玉通、王鑫、汪皓等选手都成为奥运冠军。谭良德和李清的奥运金牌梦,也以另一种方式得以实现。

"零的突破"

1992年巴塞罗那奥运会，中国男子跳水迎来了历史性的一刻。在男子单人十米台的比赛中，孙淑伟和熊倪携手出战。在预赛中，熊倪以453.87分排名第一，孙淑伟以447.96分排名第二，两人都以巨大的领先优势进入决赛。

但决赛风云突变，熊倪出现了失误。不仅如此，还有多名选手都发挥不佳。此时，年仅16岁的孙淑伟彰显出与年龄不相符的沉稳。他极其稳定地完成了每一个动作，以高质量、零重大失误的表现，拿到677.31分的高分，摘得男子单人十米台项目的金牌。这枚金牌，也是中国男子跳水的首枚奥运金牌。

三米板的传承

在奥运会女子三米板项目中，一代代"跳水女皇"展现了惊人的统治力。中国跳水队在奥运会男子三米板项目中，同样战绩辉煌。"无冕之王"谭良德无畏追梦，"跳水王子"熊倪实现两连冠。2004年雅典奥运会，彭勃拿下男子单人三米板金牌，实现了中国跳水队在这个项目中的冠军传承。2008年北京奥运会，年仅21岁的何冲夺得金牌，这位以挑战高难度动作著称的小将，在决赛中拿到了572.90分的高分，领先第二名多达36.25分。曹缘和谢思埸两位选手，则分别在2016年里约奥运会和2020东京奥运会，加冕该项目的冠军。

男子双人三米板自2000年悉尼奥运会起成为奥运会正式比赛项目。迄今为止，中国选手在6届奥运会中斩获4枚金牌。熊倪/肖海亮在2000年悉尼奥运会成功摘金，王峰/秦凯和罗玉通/秦凯则是分别在2008年北京奥运会和2012年伦敦奥运会夺冠。2020东京奥运会，谢思埸/王宗源以23.46分的巨大优势为中国跳水队再度拿下一枚金牌。

十米台的荣耀

十米台项目因为难度大、失误率高，被视作悬念最大的跳水项目。即便是在这样挑战巨大的项目中，中国跳水队依然能保持极强的统治力。

周继红在1984年洛杉矶奥运会首夺金牌，许艳梅在1988年汉城奥运会延续辉煌。随后伏明霞连续两届奥运会折桂，中国跳水队实现女子单人十米台四连冠的壮举。

短暂沉寂两届奥运会后，陈若琳在2008年北京奥运会和2012年伦敦奥运会连续问鼎，任茜、全红婵在随后两届中相继夺冠，中国跳水队又一次实现四连冠。

在男子单人十米台项目中，田亮和胡佳曾帮助中国跳水队实现两连冠，陈艾森和曹缘则分别在2016年里约奥运会和2020东京奥运会夺魁。

在双人十米台项目中，中国跳水队的优势更为明显。自该项目成为奥运会正式比赛项目后，中国女子双人十米台实现6战奥运6次夺冠的壮举，李娜/桑雪、劳丽诗/李婷、陈若琳/王鑫、陈若琳/汪皓、陈若琳/刘蕙瑕、陈芋汐/张家齐六对组合，毫无悬念地包揽了这个项目的奥运金牌。田亮/杨景辉、林跃/火亮、曹缘/张雁全、陈艾森/林跃则帮助中国跳水队实现了男子双人十米台项目的四连冠。

跳水小百科

☆ 历史与规则

跳水运动历史悠久。在人类学会游泳后,就出现了简单的跳水活动。19世纪末,第一届现代跳水比赛在英国举行。1904年,第三届奥运会开始设立跳水项目。1912年,奥运会增设女子跳水项目。2000年,双人跳水项目成为奥运会正式比赛项目。

跳水这个项目要求运动员从跳板或跳台上起跳,完成各种规定或自选动作后入水,裁判组根据跳水动作的美感、复杂程度和入水表现等标准进行打分,双人跳水还要考虑两位运动员动作的同步性。

☆ 奥运会

项目介绍： 以2024年巴黎奥运会为例，跳水属于水上运动项目中的一个分项，包含八个小项目，分别是男子单人和双人三米板、女子单人和双人三米板、男子单人和双人十米台以及女子单人和双人十米台。

场地要求： 跳水池长至少为25米，宽至少为20米，池深约5米。

跳台： 在离水面10米高的坚硬、无弹性的平台上进行。国际泳联规定，10米跳台最少长6米、宽3米，并于表面覆盖防滑材料。

跳板： 在离水面3米高的有弹性的板上进行。国际泳联规定，3米跳板长4.88米、宽0.5米，并于表面覆盖防滑材料。

本书所有数据统计截至2024年巴黎奥运会开赛前。

图书在版编目（CIP）数据

中国跳水 / 柳建伟主编 . -- 北京 : 北京时代华文书局, 2024.7.
ISBN 978-7-5699-5572-9

Ⅰ. K825.47

中国国家版本馆 CIP 数据核字第 2024UX9398 号

Zhongguo Tiaoshui

出 版 人：	陈　涛
总 策 划：	董振伟　直笔体育
责任编辑：	马彰羚
执行编辑：	黄娴懿　孙沛源
特邀编辑：	李　天　王　婷
责任校对：	陈冬梅
装帧设计：	程　慧　迟　稳　段文辉
插画绘制：	王　函
责任印制：	訾　敬

出版发行：北京时代华文书局 http://www.bjsdsj.com.cn
　　　　　北京市东城区安定门外大街 138 号皇城国际大厦 A 座 8 层
　　　　　邮编： 100011　电话：010-64263661　64261528

印　　刷：	三河市嘉科万达彩色印刷有限公司		
开　　本：	787 mm×1092 mm　1/32	成品尺寸：	130 mm×190 mm
印　　张：	3.75	字　　数：	36 千字
版　　次：	2024 年 7 月第 1 版	印　　次：	2024 年 7 月第 1 次印刷
定　　价：	29.80 元		

版权所有，侵权必究

本书如有印刷、装订等质量问题，本社负责调换，电话：010-64267955。